SUPERESTRELLAS DEL BÉISBOL

ALFONSO SORIANO

A LA CUMBRE!

¡Soriano es una superestrella de béisbol!

2012

Los Cachorros de Chicago firman a Soriano.

2007

Soriano va a Los Nacionales de Washington.

2005

Soriano va a Los Texas Rangers.

2004

Soriano tiene su mejor temporada: batea 39 jonrónes y tiene 102 carreras impulsadas; roba más de 40 bases durante la temporada y es el primer hombre de segunda base para jamás batear más de 30 jonrónes y robar más de 30 bases en una temporada.

2002

Soriano juega su primera temporada con Los Yankees.

1999

Soriano comienza a jugar con la Academia de la Carpa en Japón.

1997

Alfonso Soriano nace el 7 de enero, en San Pedro de Marcorís en la República Dominicana.

1976

Mason Crest
370 Reed Road
Broomall, Pennsylvania 19008
www.masoncrest.com

Impreso y encuadernado en Estados Unidos de América

Primera Impresión
9 8 7 6 5 4 3 2 1

Library of Congress Cataloging-in-Publication Data

Rodríguez Gonzalez, Tania.
  [Alfonso Soriano. Spanish]
  Alfonso Soriano / by Tania Rodriguez.
       p. cm.
  Includes bibliographical references and index.
  ISBN 978-1-4222-2620-9 (hardcopy : alk. paper) – ISBN 978-1-4222-2617-9
(series hardcopy : alk. paper) – ISBN 978-1-4222-9111-5 (ebook : alk. paper)
  1. Soriano, Alfonso, 1976—Juvenile literature. 2. Baseball players—Dominican
Republic—Biography—Juvenile literature. I. Title.
  GV865.S5897R6318 2012
  796.357092–dc23
  [B]
                                              2012024278

Harding House Publishing Services, Inc.
www.hardinghousepages.com

RECONOCIMIENTOS GRÁFICOS:
Davej1006: p. 17
Fristle: p. 23
Luis Silvestre: p. 6, 7, 9, 10
Mangin, Brad: p. 1, 4, 14, 18, 19, 20, 21, 22, 24, 26, 27
Scott Ableman: p. 12, 16

ALFONSO SORIANO

Capítulo 1: Béisbol, la República Dominicana,

y Alfonso Soriano 4

Capítulo 2: Consigue el Éxito 12

Capítulo 3: Soriano Es Negociado...16

Capítulo 4: Soriano y Los Cachorros..22

Capítulo 5: Alfonso Soriano Hoy...26

Índice..31

Béisbol, la República Dominicana, y Alfonso Soriano

Alfonso Soriano ha tenido una carrera sorprendente en el béisbol, habiendo ganado la Serie Mundial, participado en varias ocasiones en el *Juego de las Estrellas*, y habiendo recibido premios y ganado millones de dólares.

A través de los años en que Soriano ha jugado al béisbol, nunca ha olvidado lo que es fundamental en su vida—devolver a su patria lo recibido y haber sido capaz de convertirse en un jugador reconocido . . . y permanecer siendo el mismo.

No fue siempre Soriano el jugador que hoy conocen los fanáticos. Su camino al éxito ha sido muy largo, habiendo trabajado muy duro para llegar a donde está hoy. Alguna vez, fue solamente un dominicano más al que le gustaba el béisbol tal como a los otros

Alfonso Soriano durante el juego entre Los Cachorros de Chicago. y los Diamondbacks de Arizona el 1 de mayo de 2011 en Chase Field en Phoenix, Arizona.

La República Dominicana es una nación pobre—pero tiene una rica herencia de béisbol.

chicos de su entorno en la época en que estaban creciendo. Aún hoy, la historia para muchos es igual: ¡los muchachos de la isla se enloquecen con el béisbol!

Béisbol en la República Dominicana

El béisbol ha venido siendo practicado en la isla desde, al menos, 1880. Mientras que los historiadores no están seguros de cómo llegó el deporte ahí, se piensa que fue desde los Estados Unidos por la vía de Cuba.

Los Americanos trajeron el juego de la pelota al Caribe a mediados de 1860 cuando, por entonces, los Estados Unidos estaban interesados en hacer negocios con Cuba, uno de los vecinos de la República Dominicana. Luego, en los 1860s y 1870s, muchos cubanos dejaron su país durante la guerra allá, y un buen numero terminó en la Dominicana República, trayendo consigo el béisbol, el cual fue adoptado rápidamente. Muy pronto, los dominicanos empezaron a formar sus propios equipos . . . y así el deporte se hacia cada vez mas popular. ¡La gente de la Republica Dominicana adoraban el béisbol!

Para los años 1920s, los equipos de la isla ya jugaban con escuadras de

Habia una vez, Alfonso Soriano era justo un chico como este, soñando de ser una super-estrella de béisbol.

otras naciones caribeñas y de los Estados Unidos. Los niños jugaban en las calles de cada pueblo y ciudad. Cuando Rafael Trujillo llegó al poder, empezó a controlar el deporte del béisbol (junto con todo lo demás en el país). Él quería que su isla se convirtiera en una nación moderna—y de paso que el deporte de la pelota caliente fuera también moderno. En 1955, construyó el primer y más importante estadio de béisbol en el país, el Estadio Trujillo, que después se llamaría Estadio Quisqueya.

Las décadas de 1940 y 1950 fueron muy buenas para el deporte en la República Dominicana, siendo el punto más alto cuando en 1956 el jardinero interno Ozzie Virgil fuera contratado por los Gigantes de Nueva York. Virgil jugó por nueve temporadas en las *Ligas Mayores* y le demostró al mundo que los dominicanos son sorprendentes beisbolistas.

Otros dominicanos—como Juan Marichal y los hermanos Alou—ayudaron a abrir la puerta aun mas ampliamente para dejar claro ¡que los peloteros quisqueyanos estaban en el grupo de los mejores del mundo! A la fecha, muchos jugadores de la isla están en las Ligas Mayores. De hecho, la República Dominicana tiene mas jugadores ahí que todos los demás países de Latinoamérica combinados. Y no solamente hay jugadores dominicanos; hay entrenadores y empresarios también.

Ozzie Virgil era el primer jugador dominicano en las Ligas Mayores.

Hoy, hay dominicanos en casi cada equipo de las Ligas Mayores. Claro está que también en la isla el béisbol es muy importante—y más aun, es el principal deporte en la nación. Jugadores como Alfonso Soriano que han llegado con éxito a las Mayores inspiran a los chicos que hoy juegan en las calles de la Republica Dominicana.

Alfonso Soriano fue uno de los afortunados . . . pero su vida comenzó de la misma forma que la de muchos otros de sus compatriotas.

Inicios

Nació el 7 de enero de 1976 en San Pedro de Macorís en la Republica Dominicana. Su madre, Andrea, se separó de su esposo cuando Alfonso estaba aun muy joven. Al inicio, el pequeño se fue a vivir con su padre, pero unos pocos días después, se trasladó con su madre, quien lo educó y mantuvo junto a sus hermanos por si misma, enseñándole a la futura estrella el amor por el béisbol.

A los seis años, Alfonso ya practicaba el deporte. Su madre se lo permitía mientras lo hiciera después de la escuela y todas sus tareas estuvieran cumplidas.

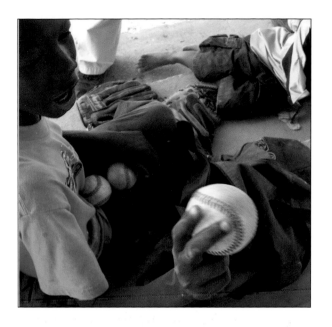

Quien sabe si algun día este chico será una superestrella de béisbol como Alfonso Soriano.

El béisbol es muy importante en San Pedro de Macorís. Muchos famosos peloteros han salido de este pueblo, entre ellos Sammy Sosa y Pedro Guerrero. Los muchos chicos que juegan en las calles tienen el sueño de llegar a las Ligas Mayores algún día, y Alfonso no era diferente: él también soñaba con llegar a las Ligas Mayores. Su tío había estado en el pasado en las **Ligas Menores** y después ayudaría a encontrar nuevas estrellas para su equipo de las Menores, los Blue Jays de Toronto. Este tío le contaría a nuestro protagonista y a sus hermanos historias acerca de béisbol americano. Había traído

Las luces todavía lumen a noche al estadio que Trujillo construyó, el Estadio Quisqueya.

bates y guantes para los chicos. Tanto sus historias como los regalos hicieron que Soriano quisiera aun más ser beisbolista.

Como quería ser un para cortos de las Ligas Mayores algún día, practicaba intensamente . . . pero las cosas no fueron fáciles para él. Algunos lo llamaban "La Mula" por la forma lenta en que se movía. Era difícil para el llegar por las bolas en el campo y frecuentemente se sentía avergonzado—pero continuó jugando y mejorando.

Enfocado en el Béisbol

A medida que crecía su amor por el deporte aumentaba también, sus hermanos mayores empezaron a jugar con las Ligas Menores. Cuando Alfonso cumplió 16, años deseó tener la misma oportunidad.

Desafortunadamente no consiguió ningún **contrato** con los equipos americanos que lo pudieran enviar a Las Menores. Alfonso continuaba con su meta de seguir jugando de todos modos—y muy pronto, un equipo del Japón empezó conversaciones con él. El Hiroshima Toyo Carp quería llevarlo a jugar al lejano oriente en la liga central del Japón. Esperaba contratarlo para que iniciara en un equipo de las Menores.

Ya otros dominicanos, como Francisco Cabrera, han ido a jugar al Japón. Alfonso se preguntaba si sería esta la decisión acertada, así que después de consultarlo con su tío, decide aceptar la oferta.

Capítulo 2

CONSIGUE EL ÉXITO

S oriano estaba en camino al Japón para alcanzar su sueño de jugar béisbol, habiendo dejado a su familia para establecerse en la ciudad de Hiroshima. No estaba seguro de lo que le esperaba pero si de que estaba listo para cualquier cosa que pasara en el campo.

Alfonso Soriano práctica antes del partido.

Soriano se Va para el Japón

Empezó sus entrenamientos en la Academia Carp que se dedicaba a adiestrar a jóvenes que posteriormente podrían llegar al equipo Hiroshima Toyo Carp. Había una sede de esta academia en la República Dominicana en 1990, y para el año 1995, empezaron a traer jugadores quisqueyanos al Japón.

En 1997, Soriano empezó a jugar en el Carp con la seguridad que recibiría mejor pago como los otros jugadores . . . pero entonces fue informado que no seria así, lo cual lo disgustó mucho.

Jugó 9 partidos para los Carps. No tuvo tan buen desempeño como esperaba, con un promedio de .118 y dos jonrones. No le agradaba la manera como los equipos Japoneses practicaban. Había muchos entrenamientos y muy fuertes. Muchas veces las prácticas eran mas como una escuela en la que había que hacer las mismas repeticiones una y otra vez, hasta que se llegaba a la perfección. Alfonso tenía que trabajar muy duro para permanecer. Igualmente, se sentía muy solo en el Japón. No hablaba el idioma y tenía que adaptarse a la comida. Sin embargo, aprendió mucho mientras estaba en el país, aunque seguía siendo muy duro para él.

Después de una temporada áspera para él, tenía preocupaciones en el sentido de no haber podido mostrar que tan buen jugador era. Lo inquietaba pensar que estaría estancado en Japón por largo tiempo . . . y pronto, eso cambiaría.

Unos pocos años antes de que Soriano llegara al Japón, otro jugador había encontrado la clave para jugar en el país de oriente: Hideo Nomo había dicho que se retiraría del béisbol, habiéndose tomado un año libre, y entonces regresó a jugar en los Estados Unidos. El agente deportivo Don Nomura le dijo al dominicano que debería hacer lo mismo.

Soriano le informo a Los Carps que dejaría el equipo en 1998, aunque el equipo sabía que el pelotero estaba planeando jugar en Estados Unidos. Se disgustó con el dominicano por tratar de acabar con el contrato e intentaron asegurarse que ningún equipo americano trabajara con él.

Los planes del equipo, sin embargo, no funcionaron. Para mediados de 1998, el dominicano llegaba a los Estados Unidos, buscando un equipo con el cual jugar. La Organización de las Ligas Mayores (MLB) dijeron que era legal que el dominicano pudiera jugar en ese país y los Carps de Japón debieron suspender sus acciones contra Soriano. Ahora estaba libre del equipo Japonés. Ya puede perseguir su sueño de llegar a las Grandes Ligas.

Éxito con Los Yankees

Soriano firmó con Los Yankees en ese año. Le pagarían más de US$3 millones por cinco temporadas. Lo había logrado—¡ya estaba en las Grandes Ligas!

En 1999, jugó su primer partido con Los Yankees. En aquella temporada solo participaría en 9 encuentros pero con buen desempeño. En un juego contra Los Devil Rays de Tampa, el dominicano bateó el jonrón que los conduciría a la victoria. También la temporada del año 2000 sería lenta para él, habiendo jugado en 22 partidos, en estas dos temporadas (1999 y 2000). Jugaría alternadamente para el equipo mayor y sus equipos alternos. Los Yankees ganaron las Series Mundiales en ambos años, pero Soriano no participó en ellas. Pronto llegaría su oportunidad.

Durante el 2001, el pelotero dominicano fue enganchado para jugar de tiempo completo con Los Yankees. Lo hizo muy bien con 18 jonrones y 73 **carreras impulsadas**. Igualmente el equipo tuvo un gran comportamiento en esa temporada y llegó a los **playoffs**, derrotando a Los Marineros de Seattle en la final juego de la Liga Americana. Alfonso bateó el jonrón, ganando en el juego número 4.

Ya en la Serie Mundial, Los Yankees fueron derrotados por Los Diamondbacks de Arizona. El equipo de Nuevo York ganó tres juegos de la serie, pero no fue suficiente. Soriano se ubico en el tercer lugar del premio **Novato** del Año.

El 2002 fue la mejor temporada del dominicano, con 39 jonrones, 102 carreras impulsadas, y más de 40 bases robadas. Se convertiría en el mejor segundo bateador en anotar mas de 30 jonrones y robar mas de 30 bases en una temporada.

Soriano fue uno de los jugadores emergentes del mundo de béisbol.

Para ese año, Los Yankees tuvieron muy buen desempeño, habiendo ganado más juegos que ningún otro equipo en la temporada regular. En la división de la Liga Americana se enfrentaron a Los Ángeles de Anaheim pero terminaron derrotados. Entonces, Los Ángeles se enfrentarían a Los Gigantes de San Francisco en la Serie Mundial.

Aunque el equipo no ganó la Serie Mundial, la temporada 2002 fue realmente grande para Soriano. Más y más fanáticos estaban enterados de sus logros—y no solo los fanáticos y reporteros lo mencionaban; también entrenadores y compañeros elogiaban su gran desempeño.

Su compañero de equipo, Mariano Rivera, mencionaba el buen jugador en que se había convertido Soriano: "No tomará mucho tiempo para que demuestre sus cualidades. Solo espero estar aquí para verlo."

En el año 2003, continuó el quisqueyano con su buena actuación, con 38 jonrones y 91 carreras impulsadas. También su equipo se mantuvo fuerte, y por segundo año consecutivo fue el equipo con más partidos ganados en una temporada. En este año se enfrentaron a Los Medias Rojas y al derrotarlos, llegaron a la Serie Mundial, enfrentando a Los Marlins de Florida. Desafortunadamente perdieron—¡pero estuvieron tan cerca de ganar!

Para finales de ese año, ya el dominicano había alcanzado la cima del béisbol mundial. Ya había ganado la Serie Mundial y jugado más de una temporada con un desempeño destacado. Alguna vez se había preguntado si aún podría llegar a jugar béisbol—¡y ahora era una estrella!

Capítulo 3

SORIANO ES NEGOCIADO

S e había fortalecido como uno de los mejores beisbolistas del momento, estando aún muy temprana su carrera. Entonces, en el 2004, Los Yankees lo *negociaron*
con Los Rangers de Texas, junto con uno de los jugadores de
las Ligas Menores. El equipo recibiría a Alex Rodriguez a
cambio suyo. Sería el comienzo en un nuevo equipo para
Soriano en los Estados Unidos.

Alfonso Soriano toma segunda base después de robarle su 40ª base de la temporada.

Soriano ganó MVP en 2004.

Soriano en Los Rangers

El pelotero quisqueyano lo hizo muy bien en su primer año con Los Rangers, bateando 28 jonrones e impulsando 91 carreras. Fue escogido para el Juego de las Estrellas en el 2004 en la que sería su tercera convocatoria a este evento. Bateó un jonrón de tres carreras y fue denominado como el Jugador Más Valioso (MVP), probando que estaba entre los mejores de los mejores.

El quisqueyano se quedó con Los Rangers en la temporada del 2005, y lo hizo mucho mejor que en el año 2004, con 36 jonrones, 104 carreras impulsadas, y 30 bases robadas. Nuevamente, lograba el registro de superar las 30-30 (jonrones y bases robadas).

El año de 2005 en particular fue muy bueno para Soriano—pero para Los Rangers, sería difícil. El lanzador principal del equipo fue suspendido por 20 juegos debido a una pelea, y otras estrellas resultaron heridos y no pudieron participar mucho. Al final de la temporada, el manager del equipo también renunciaría. Había sido un año muy complicado. Era necesario ahora hacer cambios.

Transferido de Nuevo

Después de la temporada de 2005, Los Rangers decidieron negociar a Soriano como parte de sus cambios internos y sería transferido a Los Nacionales de Washington. Éstos querían que Alfonso jugara como jardinero izquierdo. Él había jugado como segunda base desde el 2001, y no quería cambiar de posición. Pero el equipo se enteró que Soriano no jugaría en otra posición diferente a jardín izquierdo, y advirtieron que ni siquiera le pagarían si

Soriano había entrado en el "club de 40-40."

Starlin Castro y Alfonso Soriano se divierten durante un juego.

no aceptaba, así que el pelotero debió aceptar el cambio. Pronto, Alfonso empezó a amar su nueva posición y se convertiría en uno de los mejores campo largo del béisbol.

La temporada del 2006 sería una de las mejores en la carrera de Soriano: bateo 46 jonrones—más que en ninguna otra temporada—y robó 41 bases. Solamente cuatro jugadores antes que él habían superado la cifra de 40 jonrones y 40 bases robadas en una temporada. Soriano había entrado entonces en el club de 40-40. También en el 2006, Soriano llegaría al Juego de las Estrellas otra vez.

Alfonso Soriano durante un juego entre los San Diego Padres contra Los Cachorros de Chicago en Mesa, Arizona, 9 March 2007.

Al final de la temporada, el contrato de Soriano terminaría. Si Los Nacionales no lo convencían de *firmar* contrato, seria *agente libre*. Al principio, parecía que el equipo no estaba interesado en su regreso. Pero otros equipos mostraban su interés en que el dominicano jugase para ellos. Después, Los Nacionales ofrecieron un gran contrato . . . pero Soriano no estaba interesado. Quería convertirse en agente libre.

La gran sonrisa de Alfonso Soriano.

Capítulo 4

SORIANO Y
LOS CACHORROS

En el 2007, Los Cachorros de Chicago contratan a Alfonso Soriano, pagándole US$130 millones por ocho temporadas, en lo que sería la cifra más alta que ese equipo había pagado por jugador alguno. Empezó jugando como jardinero central, pero prontamente fue reubicado en el sector izquierdo.

Soriano firmó un contrato con Los Cachorros de Chicago.

Soriano en Chicago

Fue duro su primer mes en el nuevo equipo. No bateó jonrón alguno y no estaba jugando tan bien como él sabía que podía. Para el mes de junio, empezó a mejorar su juego. Fue, de hecho, premiado como el Jugador del Mes de la Liga Nacional. Entonces, en el 2007, estuvo otra vez en el Juego de las Estrellas, bateando un jonrón de dos carreras.

En agosto, sin embargo, sufrió una lesión en su pierna que le impidió jugar por varias semanas . . . pero solo unas pocas. Para el final del mismo mes, estaba de regreso al campo con un desempeño superior al que tenía antes de la lesión; solamente en el mes de septiembre bateó 14 jonrones.

Con la ayuda del quisqueyano, el equipo mejoró notablemente y ganó la división central de la Liga Nacional . . . pero en la final de la división, perderían contra los Diamondbacks de Arizona.

Aunque Los Cachorros no habían podido llegar a los playoffs, su año fue excelente. Fue el mismo también para Soriano, con 33 jonrones, mas que ningún otro en el equipo. Era nuevo en el equipo, pero sin duda Soriano era uno de los mejores.

La temporada 2008 tuvo un comienzo lento para Soriano, con una nueva lesión en su pierna que le impidió jugar por algunos encuentros . . . pero al regresar, tuvo gran éxito. En mayo, solamente bateó 7 jonrones en solo seis partidos, terminando con 12 cuadrangulares y 33 carreras impulsadas.

En junio, Soriano enfrentaría una seria lesión. Caminó al plato a enfrentar al lanzador, como de costumbre—el conteo estaba 0–2—y el lanzador envió una bola que golpearía directamente en la mano del bateador, el cual debió ser

Soriano al bate.

Soriano corre a base.

conducido al hospital, donde se confirmó que tenía fractura.

Soriano estaba de regreso en la lista de desabilitados. Tampoco por una lesión pudo estar en el Juego de las Estrellas del 2008. Afortunadamente, se recuperó muy pronto para regresar a los campos, tomándose menos de las seis semanas de recuperación que el médico dijo que necesitaría.

En septiembre, Los Cachorros comenzaron a ganar y ganar más. El terminar la temporada, ayudados por Soriano, llegaron a los playoffs enfrentando a Los Dodgers de Los Ángeles en la división de la Liga Nacional. El equipo no jugó tan bien como se quería, y Soriano tampoco estaba conforme con su propio desempeño. Los Dodgers triunfarían en esta serie.

El equipo de Chicago había perdido otra oportunidad de llegar a la Serie Mundial. En lo individual, el dominicano había tenido un buen año, aunque por una lesión se había perdido algunos partidos. Sin embargo, en los partidos en que jugó sin lesión, lo hizo muy bien . . .

aunque no llegar a la Serie Mundial se empezaba a convertir en una frustración.

Una Temporada Dura

En el año 2009, Soriano empezó muy fuerte. En su primer turno al bate en la temporada, anotó un jonrón y eso era una buena señal para el resto de la temporada. Durante los siguientes partidos se mantuvo en un alto rendimiento pero en mayo, su bateo empezó a decrecer.

El manager de Los Cachorros, Lou Piniella, informó que había movido a Soriano en la lista de bateo del equipo hacia abajo. El dominicano confirmó que era una buena decisión, ya que él mismo sabía que no estaba bateando tan bien como el equipo lo necesitaba. "No estoy haciendo mi trabajo," dijo Alfonso.

Después de su descenso en la lista de bateo, Soriano empezó a hacerlo mejor, pero no le sería posible terminar la temporada, ya que en septiembre, debió ser sometido a una cirugía de rodilla. Por eso, no podría participar mas en el año 2009. Después de un duro año, debería tomar un descanso.

Capítulo 5

ALFONSO SORIANO HOY

Alfonso Soriano está en la mitad de su carrera en el béisbol, habiendo tenido años muy buenos y otros no tanto . . . pero sus compañeros y fanáticos saben que es una de las más grandes estrellas en el campo actualmente.

Soriano golpea la pelota.

Años Recientes

La temporada del 2009 fue particularmente dura para el dominicano. Había terminado tempranamente para él debido a una cirugía, había cometido más errores que ningún otro jardinero izquierdo, y fue así descendido en el orden de bateo del equipo.

Sabía que para el 2010 tenía que hacerlo mejor. Tomó ese reto, y su equipo empezó a reconocer que estaba mejorando. Lo alineó en más juegos que en la temporada anterior. Ya para el final del año, había bateado 24 jonrones e impulsado 79 carreras. En junio de ese año, llegó a su jonrón número 300. Lentamente, su juego estaba de regreso.

Los Cachorros no llegarían a los playoffs como en las dos temporadas anteriores, pero tenían más victorias que derrotas. No habían tenido tres temporadas ganadoras desde 1972.

En el 2011, Soriano lo hizo aún mejor que en la temporada precedente, con 26 jonrones y 88 carreras impulsadas. Sin embargo, mientras lo hacía bien en la **ofensiva**, tenía tiempos difíciles en la **defensa**, liderando la cantidad de errores de un jardinero izquierdo en ese año.

También para el equipo el año fue crítico con más derrotas que victorias. Ya cerca al final de la temporada, su manager, Jim Hendry, dejaría el equipo. Su remplazo llegaría en el mes de noviembre—y todos esper-

Alfonso Soriano ya ha tenido una carrera asombrosa.

aban que con este cambio de líder, mejorara el equipo.

Tiempo de Familia

El béisbol no es lo único importante para Alfonso Soriano. De hecho invierte mucho tiempo jugando o entrenando—pero también tiene tiempo para su familia.

Su esposa se llama Angélica. Ella es originaria de Panamá pero ha vivido en Los Estados Unidos por muchos años. Le ayudó a aprender Inglés cuando Alfonso empezó a jugar béisbol *profesionalmente*. La pareja tiene dos hijas—Alisis y Angeline—y dos hijos—Alfonso Jr. y Angel.

Desafortunadamente, la madre de Soriano, Andrea, falleció en el año 2011 de un ataque cardíaco a la edad de 63 años. Alfonso estaba destrozado. Su madre lo había educado y enseñado a amar el béisbol. Ella había estado a su lado cuando consiguió su primer gran contrato. Siempre lo había amado y le había ayudado a alcanzar sus sueños. Ahora debería seguir sin ella.

El dominicano se tomaría su entrenamiento de primavera. Debería practicar a pesar de extrañar tanto a su madre. En alguna ocasión dijo lo provechoso que resultaba enfocarse en el juego para dejar de pensar en su madre, aquella que lo ayudó a entrar en el béisbol así que su amor por la pelota le recordaban a su madre.

Retornando lo Recibido

Muchos beisbolistas hacen obras de caridad, usando su fama y dinero para ayudar a otros en causas que sienten que son importantes. Para Soriano, la caridad es una forma de honrar a su madre. Después de su fallecimiento, el beisbolista quería una manera de recordarla y la encontró aportando dinero a un proyecto en que ella se interesaba. Logró que la Fundación del Equipo de Los Cachorros decidieran reservar un día en honor a Andrea. Ahí se consiguieron recursos para una escuela en su pueblo.

Él solía decir, "Dios me bendijo con mi talento, así que porque no devolver un poco a los niños. ¡Ellos lo necesitan!" También dijo que lo hacía por su madre. "Su muerte me trajo motivación. Ella era mi madre y mi padre. Cuidó sola a cuatro hijos y eso es una motivación para hacer algo por los niños de Quisqueya."

Los voluntarios recolectaban las donaciones de los fanáticos a la fundación. De paso les compartían información acerca de la Fundación de la Familia Soriano.

Al mismo tiempo, Alfonso conseguía recursos para un programa en Chicago llamado Conexiones para mujeres abusadas y sus hijos.

Este beisbolista dominicano ya ha tenido una asombrosa carrera deportiva, recorriendo campos de Japón y los Estados Unidos. Cuando era niño, Soriano no estaba seguro si lograría llegar al béisbol profesional . . . pero hoy sabemos todos que ha jugado la Serie Mundial y ganado millones de dólares. ¡Alfonso Soriano es una estrella!

Descubra Más

Por Internet

Historia del Béisbol Dominicano

www.misterdeportes.com/no11/art05.htm

Kidzworldespañol

www.kidzworldespanol.com/articulo/2293-grandes-momentos-beisbol

LIDOM

www.lidom.com.do

MLB

mlb.mlb.com/es/index.jsp?c_id=mlb

En los Libros

Cruz, Hector H. *Béisbol Dominicano: Orígenes, Evolución, y Héroes.* Santo Domingo, D.R.: Alfa y Omega, 2006.

Kurlansky, Mark. *Las Estrellas Orientales: Como el Béisbol Cambio el Pueblo Dominicano de San Pedro de Macorís.* New York: Riverhead Books, 2010.

Wendel, Tim. *Lejos de Casa: Jugadores de Béisbol latins en los Estados Unidos.* Washington, D.C.: National Geographic, 2008.

Glosario

agente libre: Un jugador que al momento no tiene contrato con equipo alguno.

carreras impulsadas (RBI): Número de puntos que obtiene un bateador por lograr una anotación para su equipo.

cazatalentos: Personas a cargo de encontrar los mejores jugadores jóvenes para adherirse a los equipos para los cuales trabajan.

contrato: Un compromiso por escrito entre el jugador y el equipo en el que se registra la ganancia que devengará el beisbolista y la cuantía de tiempo.

cultura: La identidad de un grupo de gente que incluye gustos, creencias, idioma, comida, y arte.

defensa: Jugar evitando que el otro equipo anote, incluyendo las posiciones de jardín externo e interno, pitcher, y catcher.

división: Un grupo de equipos que compiten por el campeonato; en las Ligas Mayores, las Divisiones están determinadas por su ubicación geográfica.

firmar: Estar de acuerdo con lo contratado por algún equipo en particular.

gerente general: La persona a cargo de la dirección administrativa del equipo de béisbol, y quien es responsable de guiarlo.

herencia: Algo que se pasa desde las generaciones anteriores.

Juego de las Estrellas: El torneo jugado en julio entre los mejores jugadores de cada una de las dos ligas dentro de Grandes Ligas.

Ligas Mayores de Béisbol (MLB): El más alto nivel de béisbol profesional en los Estados Unidos y Canadá.

Ligas Menores: El nivel de béisbol Professional inmediatamente anterior a las Ligas Mayores.

lista de lesionados: Lista de jugadores que se han lesionado y no pueden jugar por algún período de tiempo no determinado.

negociar: Hacer un acuerdo con otro equipo para intercambiar jugadores.

novato: Jugador en su primer año dentro de las Ligas Mayores.

ofensiva: Jugar para anotar carreras estando al bate.

playoffs: Series de partidos que se juegan al final de la temporada regular para determiner quien ganará el campeonato.

profesional: Nivel de béisbol en que el jugador recibe remuneración.

promedio de bateo: Una estadística que mide la calidad del bateador, calculada al dividir el número de bateos logrados por las veces que toma el bate.

Índice

Alou (hermanos) 8
Ángeles (Anaheim) 15, 25

Blue Jays (Toronto) 9

Cabrera, Francisco 11
Cachorros (Chicago) 22–23, 25, 27–28
Caribe 6–7
caridad 28
Carp (Hiroshima) 11–13
Cuba 6

Devil Rays (Tampa) 14
Diamondbacks (Arizona) 4, 14, 23
Dodgers (Los Ángeles) 25

esposa (Angélica) 27
Estadio Quisqueya 7, 10
Estados Unidos 6–7, 13, 16, 27–28

familia 12, 27–28

Gigantes (San Francisco) 8, 15
Guerrero, Pedro 9

hijos 28

Japón 11–13, 28
Juego de las Estrellas 4, 17, 19, 25

Liga Americana 14–15
Ligas Mayores 8–10, 13
Ligas Menores 9–10, 16

madre (Andrea) 9, 28
Marichal, Juan 8
Marineros (Seattle) 14
Marlins (Florida) 25
Medias Rojas (Boston) 15

Nacionales (Washington) 17, 21
Nomo, Hideo 13
Novato del Año 14

padre 9, 28
Piniella, Lou 25

Rangers (Texas) 16–17
Rivera, Mariano 15
Rodriguez, Alex 16

San Pedro de Macorís 9
Serie Mundial 4, 14–15, 25, 28
Sosa, Sammy 9

tío 9, 11

Trujillo, Rafael 7, 10

Virgil, Ozzie 8

Yankees (Nueva York) 14–16